I0802091

El cuidado de las mascotas

Los caniches o poodles

Kelley MacAulay y Bobbie Kalman

Fotografías de Marc Crabtree

Crabtree Publishing Company

www.crabtreebooks.com

El cuidado de las mascotas

Los caniches o poodles

Un libro de Bobbie Kalman

Dedicado por Marc Crabtree
Este libro está dedicado a nuestros amiguitos daneses, Laerke y Line Jakobsen.

Editora en jefe
Bobbie Kalman

Equipo de redacción
Kelley MacAulay
Bobbie Kalman

Editora de contenido
Kathryn Smithyman

Editores
Molly Aloian
Michael Hodge
Rebecca Sjonger

Diseño
Margaret Amy Salter

Coordinación de producción
Heather Fitzpatrick

Investigación fotográfica
Crystal Foxton

Consultor
Dr. Michael A. Dutton, DVM, DABVP, Weare Animal Hospital, www.weareanimalhospital.com

Consultor lingüístico
Dr. Carlos García, M.D., Maestro bilingüe de Ciencias, Estudios Sociales y Matemáticas

Agradecimiento especial a
Katherine Kantor, Alexander Makubuya, Lakme Mehta-Jones, Owen Mehta-Jones, Shilpa Mehta-Jones, Samara Parent, Bailee Setikas, Shelbi Setikas, Sheri Setikas, Katrina Sikkens, Bonnie Dwyer y Buffy, Sophie, Jorja y Rocky, Annie Adams Fox y Michanda Adoreannies Magic

Fotografías
Todas las fotografías son de Marc Crabtree, a excepción de:
Annie Adams Fox de Adoreannies Toy Poodles. (Magic nadando): página 26
iStockphoto.com: Scott Morgan: página 27
© ShutterStock.com/Racheal Grazias: página 6
Comstock: página 19 (carne, huevo y leche)
Ingram Photo Objects: página 19 (chocolate)

Ilustraciones
Margaret Amy Salter: página 19

Traducción
Servicios de traducción al español y de composición de textos suministrados por translations.com

Library and Archives Canada Cataloguing in Publication

MacAulay, Kelley
Los caniches o poodles / Kelley MacAulay y Bobbie Kalman.

(El cuidado de las mascotas)
Includes index.
Translation of: Poodles.
ISBN 978-0-7787-8461-6 (bound)
ISBN 978-0-7787-8483-8 (pbk.)

1. Poodles--Juvenile literature. I. Kalman, Bobbie, 1947- II. Title. III. Series: Cuidado de las mascotas

SF429.P85M3318 2007 j636.72'8 C2007-900438-5

Library of Congress Cataloging-in-Publication Data

MacAulay, Kelley.
[Poodles. Spanish]
Los caniches o poodles / Kelley MacAulay y Bobbie Kalman.
p. cm. -- (El cuidado de las mascotas)
Includes index.
ISBN-13: 978-0-7787-8461-6 (rlb)
ISBN-10: 0-7787-8461-4 (rlb)
ISBN-13: 978-0-7787-8483-8 (pb)
ISBN-10: 0-7787-8483-5 (pb)
1. Poodles--Juvenile literature. I. Kalman, Bobbie. II. Title. III.Series.

SF429.P85M2318 2007
636.72'8--dc22 2007002116

Crabtree Publishing Company
www.crabtreebooks.com 1-800-387-7650

Copyright © 2007 CRABTREE PUBLISHING COMPANY. Todos los derechos reservados. Se prohíbe la reproducción total o parcial de esta obra, su almacenamiento en un sistema de recuperación o su transmisión en cualquier forma y por cualquier medio, ya sea electrónico o mecánico, incluido el fotocopiado o grabado, sin la autorización previa por escrito de Crabtree Publishing Company. En Canadá: Agradecemos el apoyo económico del gobierno de Canadá a través del programa *Book Publishing Industry Development Program* (Programa de desarrollo de la industria editorial, BPIDP) para nuestras actividades editoriales.

Publicado en Canadá
Crabtree Publishing
616 Welland Ave.
St. Catharines, ON
L2M 5V6

Publicado en los Estados Unidos
Crabtree Publishing
PMB16A
350 Fifth Ave., Suite 3308
New York, NY 10118

Publicado en el Reino Unido
Crabtree Publishing
White Cross Mills
High Town, Lancaster
LA1 4XS

Publicado en Australia
Crabtree Publishing
386 Mt. Alexander Rd.
Ascot Vale (Melbourne)
VIC 3032

Contenido

¿Qué son los caniches?

Los caniches o poodles son una **raza** o tipo de perros. Los perros son **mamíferos**. Los mamíferos son animales que tienen **columna vertebral**. La columna vertebral es un conjunto de huesos que se encuentra en la parte media de la espalda del animal. Los mamíferos tienen pelo o pelaje en el cuerpo y sus crías toman leche del cuerpo de la madre.

El cuerpo del caniche

Lindos caniches

Hay tres tamaños de caniche: **grande**, **mediano** y **enano (*toy*)**. Los caniches grandes generalmente crecen hasta medir más de quince pulgadas (38 cm) de altura. Los caniches medianos por lo general miden entre diez y quince pulgadas (de 25 a 38 cm) de altura. Los caniches enanos crecen hasta medir menos de diez pulgadas (25 cm) de altura. Este libro es acerca de los caniches enanos.

caniche enano negro

caniche enano marrón

caniche enano color crema

Los caniches enanos tienen pelaje rizado. El pelaje puede ser de muchos colores como plateado, albaricoque, marrón, negro, crema o incluso azul.

La historia de los caniches

Algunas personas creen que los caniches vienen de Alemania. Otros creen que vienen de Francia.

Los caniches grandes fueron los primeros de su especie. Son buenos nadadores. Los caniches grandes trabajaban a menudo con cazadores. Después de que los cazadores les disparaban a las aves que volaban sobre lagos, los caniches se metían en el agua para **recuperar** o traer las aves.

*Los dueños de caniches grandes les **cortaban** el pelaje para que nadaran más fácilmente. Antes de cortarles el pelaje, las patas del caniche se enredaban en el pelaje largo.*

Caniches mascotas

Los caniches enanos y medianos han sido muy aceptados como mascotas durante cientos de años. En el siglo XVIII, los caniches enanos eran mascotas comunes en las familias **reales** de muchos países. Muchas personas ricas también tenían caniches enanos como mascotas. Sin embargo, los cazadores seguían trabajando con los caniches grandes. Con el tiempo, todos los tipos de caniches se volvieron mascotas comunes.

¿La mejor mascota para ti?

Los caniches son excelentes mascotas. No **mudan** ni pierden tanto pelo como otras razas. Como no pierden tanto pelo, las personas **alérgicas** al pelo de los perros pueden tener caniches sin enfermarse. Sin embargo, los caniches enanos generalmente son nerviosos. Quieren que su hogar sea tranquilo. ¿Viven niños pequeños en tu casa? En ese caso, un caniche enano quizás no sea el mejor perro para ti.

*Los caniches enanos son inteligentes, por lo que son fáciles de **entrenar**. Este caniche ha aprendido a "sentarse" cuando se le ordena.*

¿Estás listo?

Antes de tener un caniche enano en tu familia, reúnelos a todos y responde a estas preguntas.

- ¿Quién le dará de comer al caniche enano todos los días?
- Los caniches enanos tienen mucha energía. ¿Estás dispuesto a llevarlo a caminar diariamente?
- Alimentar a un caniche, pagar su atención de salud, **acicalarlo** o cepillarlo y limpiarlo puede costar mucho dinero al año. ¿Tu familia está dispuesta a pagar por todas las necesidades de tu caniche?
- ¿Dedicarás tiempo para entrenarlo todos los días?
- Los caniches enanos necesitan mucha atención. ¿Le darás toda la atención que requiere?
- El aseo de un caniche enano puede llevar mucho tiempo. ¿Estás dispuesto a dedicar tiempo para asearlo todos los días?

Los caniches enanos pueden vivir hasta los quince años. ¿Cuidarás a tu caniche enano toda su vida?

Elegir a tu caniche

Antes de comprar un caniche enano, pregúntale a tus amigos y al **veterinario** si saben de algún caniche enano que quieran regalar. Tal vez un **refugio de animales** de tu región tenga uno. También puedes comprar uno en una tienda de mascotas o a un **criador**. Asegúrate de obtener un caniche de alguien que cuida bien a los animales.

Los documentos de un caniche

Si obtienes tu mascota de un criador, éste te dará los documentos que comprueban que tu perro es de **pura raza**. Los perros de pura raza son aquellos cuyos padres y abuelos fueron de la misma raza. Para tener la seguridad de que tu mascota sea de pura raza, trata de obtenerla de un criador.

Escoge con cuidado

Cuando elijas un caniche, observa su comportamiento y su cuerpo para asegurarte de que esté sano. Un caniche sano:

- debe ser vigoroso y juguetón
- debe tener orejas limpias
- debe tener dientes limpios y blancos
- debe tener ojos limpios y brillantes
- debe tener la nariz húmeda
- no debe tener heridas en la piel
- debe tener el pelaje brillante y no debe tener zonas sin pelo

Elegir un caniche enano puede ser difícil. Dedica tiempo a conocerlo antes de elegirlo como tu mascota.

Cachorros de caniches

Antes de elegir un caniche enano, debes decidir si quieres un perro adulto o un **cachorro**. Un cachorro es una cría de perro. Los caniches cachorros son pequeños y juguetones. Sin embargo, cuidarlos no es fácil. Los cachorros necesitan gente a su alrededor todo el tiempo. ¿Habrá alguien de tu familia en casa con él todo el día? Si no es así, quizá te convenga tener un perro adulto. También son muy lindos y juguetones.

Tal vez tu cachorro se sienta nervioso y solo cuando lo lleves a casa. Puede extrañar a su mamá. El cachorro dormirá mejor si escucha el tictac de un reloj cerca de su cama.

Educación feliz

Si obtienes un cachorro, tendrás que entrenarlo para que salga para ir al baño. Este entrenamiento se llama **educación**. Comienza a educar a tu cachorro tan pronto lo lleves a tu casa. Para educar a tu cachorro, ponle la correa y llévalo afuera aproximadamente diez minutos después de que coma o beba. Llévalo siempre al mismo lugar. Aprenderá a ir al baño allí. Felicítalo cada vez que haya terminado. Pronto, el cachorro aprenderá a llamar tu atención cuando tenga que salir.

Si eliges un caniche enano más viejo, es posible que ya esté educado. Si no está educado, extiende periódicos en la casa. Los periódicos protegerán el piso si tu mascota va al baño dentro de casa.

Prepárate para tu caniche

Necesitarás muchos objetos para cuidar de forma adecuada a tu caniche enano. Asegúrate de tener todos los objetos que aparecen en estas páginas antes de llevarlo a casa.

Tu caniche enano necesitará un tazón para el agua y otro para el alimento.

*Tu mascota siempre debe usar un **collar** con una **placa** donde aparezca tu número telefónico. El veterinario también puede usar una aguja para poner un **microchip** con tu dirección debajo de la piel del perro. Si la mascota se pierde, la persona que la encuentre puede utilizar la placa o el microchip para devolvértela.*

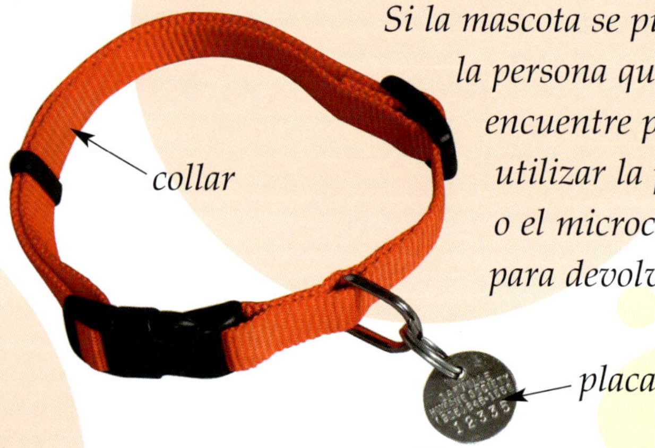

Antes de sacarlo de la casa, amarra una correa al collar para evitar que se escape.

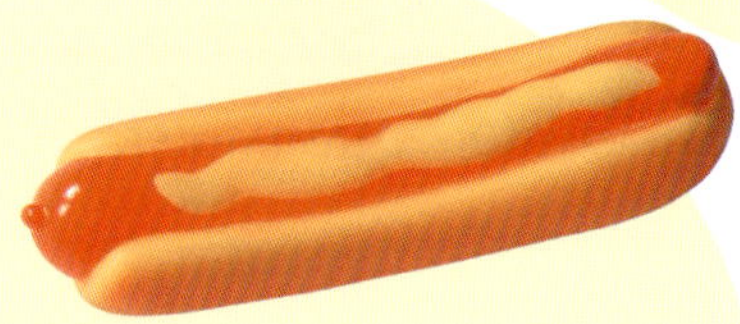

Tu caniche enano siempre debe tener juguetes.

Consigue un **cortaúñas** para perros para cortarle las uñas a tu caniche enano.

cepillo de cerdas

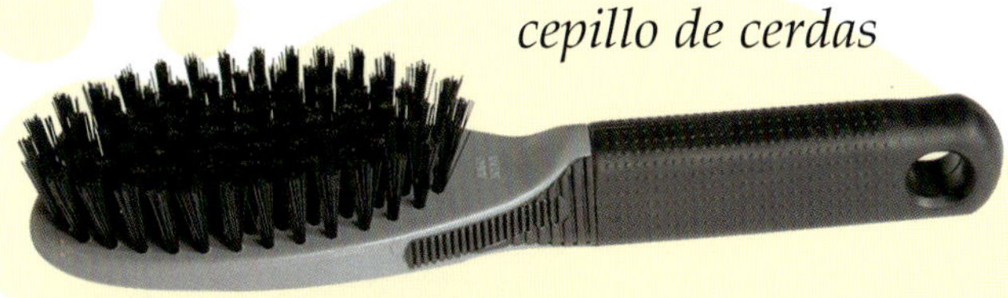

Necesitas un **cepillo de cerdas** y un **peine de acero** para asear el pelaje del caniche. Asegúrate de que el peine tenga dientes de al menos una pulgada (2.5 cm) de largo.

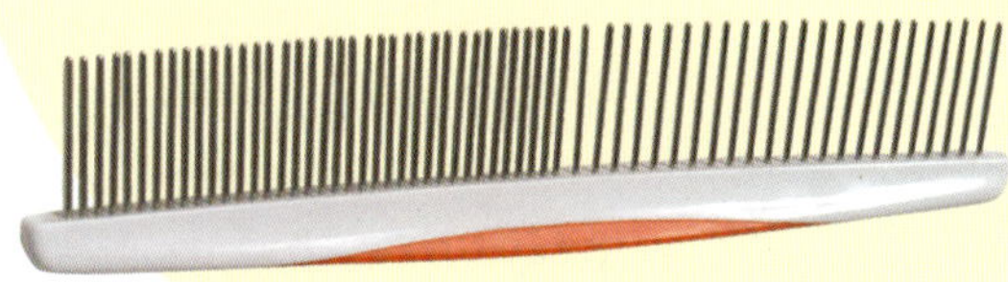

peine de acero

Además, tu caniche enano necesitará su propio cepillo de dientes y pasta dental para perros.

Cómprale premios. Úsalos como recompensa cuando lo entrenes.

Consíguele un **cajón** grande para usar como **guarida** o lugar seguro.

Asegúrate de que tu caniche enano tenga una cama cómoda donde descansar.

El hogar perfecto

Los caniches enanos pueden vivir cómodamente en casas grandes o en hogares pequeños, como apartamentos. Sin embargo, tienen mucha energía. Deberás llevar a tu mascota a caminar todos los días.

Trato amable

Los caniches enanos son más felices en hogares sin niños pequeños ya que se ponen nerviosos muy fácilmente. Incluso los niños pequeños les parecen grandes. Es posible que los niños pequeños persigan o traten mal al caniche. Cuando los caniches enanos se asustan, pueden morder para protegerse. Es más probable que los niños mayores los traten con amabilidad.

Muéstrales a tus amigos cómo tratar al caniche. Asegúrate de que todos sean amables con tu mascota.

Comidas saludables

Los caniches enanos con frecuencia son muy exigentes a la hora de comer. No le dejes decidir qué comer. Dale sólo alimentos saludables. Los perros adultos necesitan dos comidas por día. Pregúntale al veterinario qué tipo de alimento es el más saludable para tu mascota. También pregúntale cuánto alimento darle en cada comida.

Muchas comidas

Para crecer sanos, los cachorros deben comer mucho. Necesitan cuatro comidas por día hasta que cumplen tres meses de edad. Cuando el cachorro cumpla tres meses, comienza a alimentarlo tres veces por día. Cuando cumpla seis meses, puede empezar a comer dos veces por día.

Alimenta a tu caniche a la misma hora todos los días.

Mucha agua

Un caniche enano siempre debe tener un tazón con agua limpia para beber. No necesita beber otra cosa. Limpia los tazones de agua y alimento de tu mascota todos los días.

Fuera del menú

Algunos alimentos no son saludables ni seguros para el caniche enano, como los siguientes.

- Nunca le des huesos para masticar. Puede ahogarse con ellos.

- Los **productos lácteos** como la leche, pueden enfermarlo.

- No le des huevos ni carne **crudos**. Los alimentos crudos son alimentos sin cocinar.

- Incluso una pequeña cantidad de chocolate puede hacer que tu caniche se enferme.

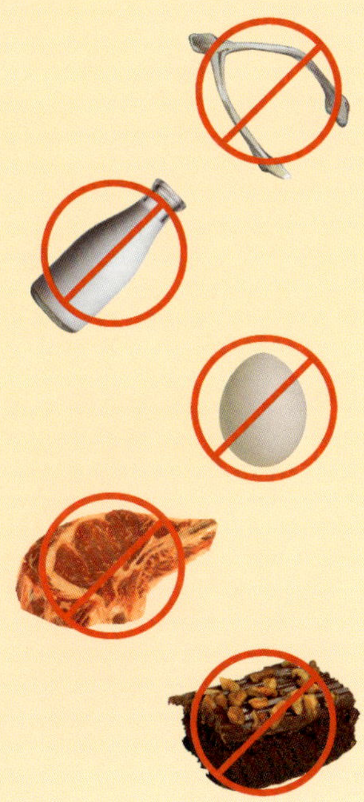

Caniches de buen aspecto

Los caniches enanos necesitan mucho aseo. Sin embargo, en general no les gusta ser aseados. Debes ser amable cuando asees a tu mascota. Háblale con voz suave de manera que disfrute más su aseo. Un adulto debe ayudarte con esta actividad.

El cuidado del pelaje

El pelo del caniche enano nunca deja de crecer. Un **peluquero canino** debe cortárselo. Si el pelaje del caniche es corto, será más fácil cepillarlo. Todos los días, usa un peine de acero para cepillarle suavemente la parte superior de la cabeza. Luego, usa un cepillo de cerdas para asear el resto del pelaje del cachorro, incluso las orejas. Si el pelo del caniche está **enmarañado** o enredado, usa el peine de acero para desenredarlo. Ten cuidado de no tirar muy fuerte.

Cepilla siempre al caniche enano antes y después de bañarlo. Báñalo aproximadamente una vez por mes usando un champú para perros.

Uñas arregladas

Un adulto debe cortarle las uñas a tu caniche enano cada pocas semanas con un cortaúñas para perros. Sólo se debe cortar una pequeña parte en el extremo de cada uña. Si se corta demasiado, saldrá sangre de la uña. Si esto sucede, debes usar **polvo astringente** para detener el sangrado. Si el sangrado continúa después de usar polvo astringente, debes llevarlo de inmediato al veterinario.

Cuando cepilles a tu caniche, revísale las orejas. A veces el pelo crece en las orejas. Extrae el pelo con suavidad. Si ves heridas o mucha cera en las orejas, llévalo al veterinario.

Entrenamiento estupendo

Dedica entre quince y veinte minutos por día para enseñarle a tu caniche enano cómo comportarse. Los caniches enanos son perros inteligentes. Usualmente aprenden con mucha facilidad. Trátalo con amabilidad cuando lo entrenes. Nunca le grites ni lo golpees. Este comportamiento hará que te tenga miedo. Si lo tratas bien, confiará en ti y aprenderá más rápido.

Después de cada sesión de entrenamiento, dedica tiempo a jugar con tu caniche. Pronto querrá más sesiones de entrenamiento.

Acostado

Puedes enseñarle a tu caniche enano a que se "acueste". Usa premios para ayudarlo a aprender. Muéstrale un premio y luego dile "acostado". Con una mano, empuja suavemente la parte trasera de tu mascota hacia el suelo. Mueve el premio hacia el suelo y dile "acostado". Si el caniche no se acuesta, levántale las patas delanteras con suavidad y extiéndelas hasta que se acueste. Luego, dale el premio y felicítalo.

Juegos de caniches

Tu caniche enano necesita juguetes. Si no tiene juguetes, morderá tus cosas y esto puede hacerle daño a tu perro. Cinco juguetes son suficientes para mantenerlo ocupado. Si tienes más juguetes, guárdalos. Cámbiale los juguetes todos los meses. Si le cambias los juguetes, seguirá interesado en ellos.

A los caniches enanos a menudo les gustan los juguetes que hacen sonidos chillones.

Juguetes seguros

Sigue estos consejos para que los juguetes de tu caniche sean seguros y divertidos.

- No le des juguetes de plástico duro ni pelotas de tenis. Estos juguetes pueden romperse cuando tu mascota los muerda y el perro puede ahogarse con los pedazos.
- Si el caniche tiene juguetes blandos, asegúrate de que no tengan partes duras que puedan desprenderse. Los juguetes blandos deben estar rellenos con material blando, no con pelotitas.
- A los perros les gusta perseguir pelotas. Compra pelotas lo suficientemente grandes como para que tu mascota no se ahogue con ellas.

¡Encuentra el juguete!

Juega con tu caniche todos los días. Un juego que puedes probar es esconder un juguete y ayudarlo a encontrarlo. Primero, muéstrale el juguete y deja que el perro lo huela. Después, pídele a un amigo que sostenga suavemente a tu mascota mientras escondes el juguete en un lugar cercano. Regresa y dile a tu mascota "¡encuentra el juguete!". Ayúdala a encontrar el juguete usando un tono de voz lleno de entusiasmo cuando se acerque al escondite.

Cuando tu caniche encuentre el juguete, felicítalo para recompensarlo.

Perros de agua

A los caniches enanos les encanta el agua. Son buenos nadadores. Para tu mascota, nadar es una buena manera para mantenerse en forma. Si el pelaje del caniche enano está corto, podrá nadar con mayor facilidad. Después de que tu mascota nade, usa una toalla para secarle con cuidado las orejas.

Este caniche enano nada en una piscina.

Hora de aprender

Algunos caniches enanos pueden asustarse cuando aprenden a nadar. No lo obligues a meterse en el agua. Llévalo a la playa y deja que te siga al agua. Nada y déjalo que te siga. Cuando tu mascota se sienta cómoda en el agua, podrá nadar sola.

Normas de seguridad

Verifica que tu caniche esté seguro en el agua. Estas normas te ayudarán a mantenerlo a salvo.

- Nunca lo dejes nadar en agua que tenga **corrientes** fuertes. Las corrientes son agua que se mueve con mucha fuerza y pueden arrastrar a tu mascota hacia lo profundo del agua.
- Nunca lo dejes nadar en agua sucia.
- No lo dejes nadar en agua muy fría.
- Nunca lo dejes solo mientras nada. Cuando tu perro esté en el agua, no lo pierdas de vista.
- No permitas que pase mucho tiempo nadando. Es posible que no se dé cuenta de que está demasiado cansado para seguir nadando.
- Si tu caniche nada en una piscina, asegúrate de que tenga una manera fácil de salir del agua. Báñalo después de que haya nadado en una piscina.

Consejos de seguridad

Es posible que tu caniche enano sea pequeño y suave pero, ¡no es un juguete! Debes respetar su **territorio** o espacio propio. Por ejemplo, si lo molestas cuando come o duerme en su cajón, es posible que trate de proteger su territorio. Los caniches enanos a menudo muerden para proteger su espacio. Enséñale a compartir su espacio.

A los caniches enanos no les gusta que los molesten. Si los molestas, pueden enojarse. En lugar de ello, felicítalos cuando se comporten bien.

Observa las señales

Es posible que te des cuenta cuando tu caniche se está poniendo **agresivo** o enojado. Puede gruñir o mostrar los dientes. Si esto sucede, no lo mires a los ojos. Permanece quieto y deja los brazos a los costados. Di "perrito bueno" con una voz tranquilizadora para tratar de calmarlo. Cuando se calme, cuéntale a un adulto cómo se comportó el perro.

Siempre trata a tu mascota con amabilidad para que sepa que nunca lo lastimarás.

Caniches sanos

En cuanto tengas tu caniche enano, llévalo al veterinario para que lo revise y se asegure de que está sano. También le podrá inyectar **vacunas** para evitar que se enferme. Lleva a tu caniche al veterinario para una revisión general al menos una vez por año.

Sin cachorros

Debes llevar a tu caniche enano a que lo **esterilicen**. Un perro esterilizado no puede tener crías. Si le permites tener cachorros, tendrás que esforzarte para encontrar buenos hogares para todos.

El veterinario puede responder a todas las preguntas que tengas sobre los caniches enanos.

Indicios de enfermedad

Los caniches por lo general viven muchos años, pero también se enferman. Llévalo al veterinario si notas cualquiera de las siguientes señales de advertencia.

- Los caniches enanos pueden tener dolor de cadera. Si tu mascota no puede caminar bien, quizá tenga dolor de cadera.
- Muchos tienen problemas en las encías. Puedes ayudar a evitar esto cepillándole los dientes. Si le sangran las encías, llévalo al veterinario.
- Llévalo al veterinario de inmediato si vomita, se desmaya o cojea.
- Si pierde mucho pelo, tal vez esté enfermo.
- Las orejas y los ojos de tu caniche deben estar limpios y no debe tener bultos en el cuerpo.
- Es posible que un caniche beba más agua de lo habitual si está enfermo. Tal vez también pierda el apetito.
- Si tu caniche duerme mucho y no juega, llévalo al veterinario.

Un buen amigo

Los caniches enanos son mascotas leales y cariñosas. Si lo cuidas bien, tu caniche enano será un buen amigo durante muchos años.

Palabras para saber

Nota: Es posible que las palabras en negrita que están definidas en el libro no aparezcan en esta página.

alérgico Palabra que describe a alguien que tiene una reacción física a algo

criador (el) Persona que reúne perros para que tengan crías

entrenar Enseñarle a un perro cómo comportarse bien

microchip (el) Pequeño dispositivo colocado debajo de la piel de un animal y que almacena información

peluquero canino (el) Persona que limpia y cepilla perros como profesión

polvo astringente (el) Polvo utilizado para detener el sangrado

productos lácteos (los) Alimentos hechos con leche y derivados de la leche

real Palabra que describe a un rey, a una reina o a un miembro de la familia de un rey o una reina

refugio de animales (el) Lugar donde cuidan animales que no tienen dueño

vacuna (la) Sustancia para proteger el cuerpo contra enfermedades

veterinario (el) Un médico que atiende animales

Índice

Impreso en Canadá